CATALOGUE

D'OBJETS D'ART

BIJOUX, PORCELAINES, FAIENCES, BRONZES

MEUBLES, BOIS SCULPTÉS

TAPISSERIES ANCIENNES

DONT LA VENTE AURA LIEU

HOTEL DROUOT, SALLE N° 1

Le Lundi 15 Mai 1876

COMMISSAIRE-PRISEUR

Mᵉ CHARLES OUDART

31, Rue Le Peletier

EXPERT

M. L. BLOCHE

19, Boulevard Montmartre

EXPOSITION PUBLIQUE

LE DIMANCHE 14 MAI 1876, DE 1 HEURE 1/2 A 5 HEURES .

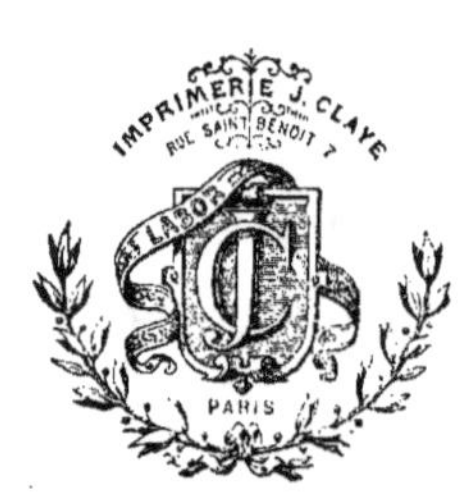

IMPRIMERIE J. CLAYE
RUE SAINT-BENOIT 7
PARIS

CONDITIONS DE LA VENTE

Elle sera faite au comptant.

Les adjudicataires payeront *cinq centimes par franc* en sus des enchères, applicables aux frais.

L'Exposition mettant les Adjudicataires à même de se rendre compte de l'état et de la nature des objets, il ne sera admis aucune réclamation une fois l'adjudication prononcée.

DÉSIGNATION

BIJOUX, OBJETS DE VITRINE

1. — Paire de Boutons d'oreilles en brillants.

2. — Croix en brillants.

3. — Bague enrichie d'une opale et seize brillants.

4. — Bague en rubis et brillants.

5. — Bague ornée d'un gros brillant.

6. — Médaillon en or, enrichi de brillants, de roses et
deux perles pendeloques.

7. — Deux Bagues en or avec miniatures anciennes.

8. — Montre savonnette en or à remontoir.

9. — Demi-Parure en argent, émaux et perles fines.

10. — Châtelaine avec émaux, monture argent et perles
fines.

11. — Croix et Épingle à cheveux en turquoises et perles
fines, monture en argent.

12. — Chapelet ancien, avec croix en or.

13. — Deux Éventails anciens.

14. — Épée Louis XVI, avec poignée en argent, émaux et strass.

15. — Boîte en émail cloisonné.

16. — Boîte en écaille piquée d'or.

17. — Coffret à bijoux en ivoire.

18. — Belle canne, jong richement monté avec pomme longue en ivoire sculpté.

19. — Dix Éventails anciens.

Sera divisé.

PORCELAINES, FAÏENCES

20. — Paire de Bouteilles à côtes en faïence de Delft, décor en bleu sur blanc.

21. — Trois pièces : deux Cornets et un Vase en faïence de Delft, décor en bleu sur blanc.

22. — Paire de Vases en porcelaine de Chine, décor à figures de Mandarins.

23. — Paire de Vases en porcelaine de Chine craquelé, rehaussé de frises bronzées.

24 — Deux Jardinières en porcelaine de Chine, décor à personnages.

25. — Paire de Vases en porcelaine de Kinshin, décor en bleu turquoise et violet.

26. — Deux Jardinières même facture.

27. — Paire de Vases en porcelaine de Chine, montés en candélabres en bronze doré.

28. — Deux belles Lampes en porcelaine de Chine, monture en bronze doré.

29. — Trente-cinq pièces en grès : Aiguières, Vidre-Commes, Pichets, etc.

Sera divisé.

30. — Huit paires de Vases en porcelaine de Chine, de formes variées, décor à figures, élevés sur socles en bois sculpté.

Seront vendus séparément.

PORCELAINES CLOISONNÉES

31. — Paire de beaux Vases finement cloisonnés et émaillés sur porcelaine, en bleu turquoise à rehauts de couleur représentant des oiseaux, des insectes et des fleurs.

32. — Deux Jardinières fond bleu à cartels de fleurs sur fond violet.

33. — Quatre bols décor varié.

34. — Paire de jolis Vases panse bleu turquoise, cloisonnée
et émaillée à fleurs en couleur.

35. — Paire de petites Potiches décorées de fleurs sur fond
bleu turquoise.

36. — Deux Bonbonnières même facture.

37. — Deux Jardinières fond bleu turquoise à fleurs en couleur.

38. — Paire de Bouteilles, décor polychrome.

39. — Paire de petites Jardinières, décor polychrome.

40. — Six petites Tasses décor varié.

41. — Paire de petites Potiches fond violet.

BRONZES, CUIVRE, LAQUES

OBJETS DIVERS

42. — Paire de très-grands et beaux Vases en bronze du
Japon, richement décorés d'oiseaux, de branchages
et de tortues en haut-relief. Anses formées par des
paons.

Haut., 0^m,75

43. — Belle Statue équestre représentant un mandarin sur
un mulet richement harnaché.

44. — Deux Lanternes forme pagodes, en bronze du Japon.

45. — Quatre Flambeaux formés par des grues sur des tortues.

46. — Grand Brûle-parfums offrant des sujets en bas-relief
et une Scène japonaise ciselée et repercée à jour
sur le couvercle.

47. — Paire de Vases cylindriques finement ciselés et reper-
cés à jour.

48. — Chimère ancienne en bronze du Japon.

49. — Garniture mignonnette de cinq pièces, offrant en re-
percé des fleurs et des feuillages.

50. — Deux Cassolettes formées par des oiseaux sur des
branchages.

51. — Brûle-parfums élevé sur quatre pieds, panse lobée.
décoré de bas-reliefs.

52. — Paire de Vases offrant des dragons en relief.

53. — Paire de petits Vases rehaussés de nielle d'argent et
élevés sur trépieds.

54. — Deux Figurines en bronze, xvie siècle.

55. — Coffret en fer ouvré, style gothique.

56. — Six Cruchons en grès.

57. — Deux Flacons en verre de Venise.

58. — Deux Flacons en verre antique.

59. — Plat avec aiguière en étain.

60. — Trois Plats en étain gravé.

61. — Deux Lampes juives en cuivre.

62. — Deux Plats en cuivre.

63. — Deux petites Statuettes équestres.

64. — Paire de Vases avec oiseaux et branchages en haut-
relief.

65. — Quatre Divinités de diverses grandeurs.

66. — Deux paires de petits Vases niellés.

67. — Deux Brûle-parfums. formes diverses.

68. — Trois pairs de petits Vases rehaussés de nielle, formes
variées.

69. — Deux Perdrix formant cassolettes.

70. — Trois Vases ornés de sujets en bas-relief.

71. — Deux Cassolettes formées par des hommes sur des
grenouilles.

72. — Deux Porte-allumettes niellés.

73. — Deux Statuettes équestres.

74. — Grosse Tortue en bronze.

75. — Chien et Loup, deux supports terre cuite originaux de
Fratin.

76. — Nègre et Négresse, deux têtes en plâtre peint de Cordier.

77. — Chatte en plâtre peint de Fremyet.

78. — Deux Plats faïence de Deck.

79. — Un Plat faïence, portrait de Mlle Croizette.

80. — Deux Pots grès anciens.

81. — Pot en majolique italienne.

82. — Aiguière faïence de Nevers.

83. — Vase terre rouge de Turquie.

84. — Chope faïence de Minton.

85. — Huit Bras dorés.

86. — Le Noyé, terre cuite de Graillon.

87. — Deux Médaillons terre cuite du même.

88. — Deux jolis Cabinets en laque du Japon ornés de plaques en poterie de Satzuma.

89. — Deux autres en laque fond noir à rehauts d'or.

90. — Autre Cabinet en marqueterie et laque.

91. — Quatre Plats forme poissons en émail cloisonné du Japon.

92. — Douze Rideaux en soie blanche richement brodés à oiseaux et fleurs.

93. — Quatre Dessus de siéges brodés.

94. — Garniture de cinq pièces : pendule, candélabres et
coupes en bronze.

95. — Garniture de cinq pièces : pendule, candélabres et
coupes.

96. — Plusieurs Statuettes en bronze, sujets divers.
Sera divisé.

97. — Trois paires de Flambeaux.

98. — Tête d'aigle terre cuite de Fratin.

99. — Deux Glaces appliques bois sculpté.

100. — Deux petites Étagères bois doré.

101. — Boîte laque rouge à compartiments.

MEUBLES, BOIS SCULPTÉS

102. — Meuble de salon de l'époque Louis XV. en noyer
sculpté, couvert en tapisserie représentant des
sujets allégoriques aux fables de La Fontaine. Il
se compose d'un canapé, quatre fauteuils et quatre
chaises.

103. — Cabinet portugais décoré et rehaussé de vestiges d'or.

104. — Jolie Crédence en bois sculpté, forme à pans, style
gothique.

105. — Meuble à deux corps en bois sculpté, Louis XIII.

106. — Crédence en noyer sculpté, style Henri II.

107. — Crédence exécutée d'après les dessins de *Du Cerceau*, à colonnes détachées, panneau du battant sculpté en bas-relief.

108. — Belle et grande Stalle avec dôme et fronton en bois sculpté à jour, style gothique.

109. — Beau Coffre de mariage en bois sculpté à ogives, travail gothique.

110. — Grande Table de milieu ornée d'incrustations d'ivoire.

111. — Armoire à battants pleins et à fronton en noyer incrusté d'ivoire, travail dit *Certosine*.

112. — Table rectangulaire incrustée d'ivoire.

113. — Six Escabeaux en bois sculpté.

114. — Deux Glaces de Venise gravées, avec encadrements en bois sculpté et doré.

115. — Deux petites Banquettes en bois sculpté, supportées par des figures de nègres.

116. — Deux Consoles en bois sculpté, travail italien.

117. — Meuble hollandais en bois sculpté, à deux corps.

118. — Bahut en bois sculpté, époque Henri IV.

119. — Glace avec cadre guilloché, époque Louis XIII.

120. — Commode en bois de rose, dessus en marbre, ornée de bronze, Louis XVI.

121. — Secrétaire dans le même goût.

122. — Petite Table en marqueterie.

123. — Console en bois sculpté et doré, dessus en marbre, époque Louis XVI.

124. — Beau Lit en bois sculpté à colonnes, style Renaissance.

125. — Vitrine en acajou style Louis XVI, ornée de filets de cuivre.

126. — Lit italien orné d'incrustations d'ivoire.

127. — Quatre Chaises dans le même goût.

128. — Deux Colonnettes en marbre.

129. — Deux Gaines en marbre.

130. — Meuble à deux corps en bois sculpté.

131. — Grande Armoire en bois sculpté.

132. — Armoire à deux vantaux.

133. — Armoire à portes pleines ornées de sculptures.

134. — Grand Chiffonnier en acajou et filets de cuivre, Louis XVI.

135. — Vitrine cintrée à hauteur d'appui, même genre.

136. — Table-Chiffonnière dans le même style.

137. — Deux Jardinières en bois sculpté, blanc et or.

138. — Deux Vitrines Louis XVI, garnies en velours.

139. — Deux Consoles d'encoignures en bois sculpté et doré
style Louis XVI.

140. — Deux Fauteuils en tapisserie au petit point Louis XIII.

TAPISSERIES, TAPIS

141. — Neuf Tapisseries anciennes dites *Verdures* animées de
personnages.

Seront vendues séparément.

142. — Quatre Tapisseries à sujets.

Seront vendues séparément.

143. — Grand Tapis de Smyrne mesurant 6 mètres sur
4 mètres.

PARIS. — J. CLAYE, IMPRIMEUR, 7, RUE SAINT-BENOIT. — 9221